LA METÁFORA
DE LA VIDA

Reflexiones sobre la vida, la muerte, el dolor, la felicidad, y el sentido de la existencia humana.

COLECCIÓN APRENDER

EDICIONES UNIVERSAL, Miami, Florida, 2023

MIRIAM MORELL

LA METÁFORA DE LA VIDA

Reflexiones sobre el ser, la vida, la muerte, el dolor, la felicidad, y el sentido de la existencia.

Copyright © 2023 by Miriam Morell

———

Primera edición, 2023

EDICIONES UNIVERSAL
P.O. Box 450353 (Shenandoah Station)
Miami, FL. 33245-0353. USA
e-mail: ediciones@ediciones.com
http://www.ediciones.com
SINCE 1965

Library of Congress Cataloging-in-Publication Data
ISBN: 978-1-59388-340-9

Edición y revisión: Juan Arab y María Julia Arab

Composición de textos: María Cristina Salvat

Diseño de la cubierta: Luis García Fresquet

En la portada: Oil con canvas del pintor italiano
Antonio Zanchi (1631-1722): Sisyphus (1660-1665)

Todos los derechos
son reservados. Ninguna parte de
este libro puede ser reproducida o transmitida
en ninguna forma o por ningún medio electrónico o mecánico,
incluyendo fotocopiadoras, grabadoras o sistemas computarizados,
sin el permiso por escrito del autor, excepto en el caso de
breves citas incorporadas en artículos críticos o en
revistas. Para obtener información diríjase a
Ediciones Universal.

A María Julia y Juan Arab,
con todo mi cariño y admiración.

Pretendo investigar tal como los hombres antiguos, la metáfora de la vida que siempre nos abruma: El castigo de Sísifo al volver a empujar montaña arriba la pesada roca.

Según Carl Gustav Jung. El mito del héroe representa la lucha del hombre por la búsqueda del sentido a través de la superación de las etapas o pruebas de la propia vida. Esta es la moraleja de Sísifo. Una historia acerca de aceptar lo finita que es la vida y lo importante que es la muerte, sin dejar de darnos cuenta que hay que vivir cada momento intensamente. Ser plenamente uno mismo: serse, sentirse, hacer su propio camino.

Albert Camus habla de la teoría del absurdo y de la inutilidad de la vida. Camus se refiere al absurdo como la esperanza en que se basa nuestra vida. Habla que el hombre moderno la consume a través de la rutina. El autor ve a

Sísifo como el héroe de lo absurdo que vive su vida ignorando su muerte; es por eso que es condenado a realizar una tarea repetitiva y sin sentido.

Entheogen, palabra original del latín tardío. Inspiración divina, arrebato, éxtasis. Una voz formada por en-theos-gen (que lleva un Dios adentro).

Otros nunca sienten paz y armonía, sino la tristeza del pájaro por la pérdida del cielo en que voló. Jamás se despiertan sus ansias de vivir. Hay un vacío, es no saber qué hacer. No es humano, es absurdo.

El hombre se humaniza cuando en la medida en que se apropia de su naturaleza, cuando está en contacto con lo que es y despliega toda la potencia de su subjetividad humana, cuando se apropia de su propio ser y en el empujón de viento le baten las alas, conquistando su propio corazón.

La Filosofía del Absurdo mantiene que somos insignificantes, discutiendo el valor y la fuerza de la mente. Se discute la cuestión del suicidio y el valor de la vida. El mito es una metáfora del trabajo inútil e incesante del hombre. El recuerdo es una fortaleza sin puente elevadizo. Hoy tengo la posibilidad de elegir la piedra donde depositar mi energía. La memoria me invita a ser dueña de mis días, inventando el futuro, como látigo divino del amanecer en la batalla existencialista de lo absurdo, cuyo pensamiento es una metáfora que describe todo lo que abruma al hombre. Sin embargo, es precisamente en esa falta de sentido donde reside el significado de la existencia. Es la propia imagen de la condición humana. ¿Se puede ser feliz aunque sea la vida un absurdo?

La alegría en el corazón es la melodía que se puede tocar allá en el fondo del alma. Es el universo envuelto en una sinfonía de cuerdas. Música cósmica en la mente. Es Dios resonando a través del hiperespacio. Es la causa de la vida que tiene la fuerza de justificar la paz interior que necesitamos para levantar la piedra hasta la montaña y seguir. ¿Este esfuerzo para alcanzar la cima será suficiente para llenar el corazón del hombre?

A partir de la experiencia se capta la realidad, con la razón, se percibe la auténtica esencia.

La conciencia de existir pasa, la percepción de uno mismo, porque la persona percibe y piensa en ella misma y se compadece al aceptar la mortalidad, pero si pudiera vencer el miedo se convertiría en un hombre libre: la razón trasciende los límites de uno mismo. Sin embargo, es una falta de sentido, donde reside el significado de la existencia; aprendiendo a vivir lo absurdo, en la imagen de la condición humana. En ese momento nos damos cuenta del paso del tiempo y del sinsentido de la agitación diaria, del sentimiento de una patria perdida; entonces se incorpora a la esperanza de una tierra prometida y llega a sentir que es exiliado de su verdadera patria. Estar a gusto en el sendero, hay que abrir la mente y abrir el corazón. No podemos dar más valor al espejismo que a la realidad. No tiene sentido subir la montaña con miedo, con la visión tan limitada de las cosas. Lo que absorben los sentidos no es una realidad, no tenemos siempre la razón, daña mucho la desconexión con el cuerpo, y este tiene habilidad increíble, hay una sabiduría natural. Hay que aprender a que la mente se calme. Experimentamos tanto sufrimiento porque hemos perdido el control o la razón.

Podemos vivir la vida, queremos meter razón, conocimiento en todo. Tenemos falta de control de nuestra mente. Nos estamos alejando la espiritualidad, hemos perdido esta referencia. Cuando me acerco a la naturaleza con sentido de la trascendencia, vamos a seguir subiendo con inspiración, no podemos ir a un lugar lejísimo sin inspiración, subamos con pasión, con entusiasmo, no permitamos que el vampiro nos chupe la mente.

El uso de la razón, no puede explicar el universo y entonces surge el absurdo y se convierte en pasión, porque el ser humano necesita entender.

Los pensamientos filosóficos no satisfacen

los sentimientos y abandonan la razón para encontrar el sentido a la propia existencia. El mundo es un lugar extraño si lo despojamos del romanticismo: el acto de soñar proporciona que los sentidos distingan la realidad de la ilusión.

Tal como a los antiguos héroes no es posible tener un estado permanente de alegría y de dolor.

La tortura de una vida sin sentido. Este mito expresa el malestar causado por lo absurdo de algunos proyectos de vida, la historia del castigo hecha por el dolor.

De esta manera se considera que el único significado es el que nos aporta el instante de la experiencia misma en el momento en que es realizada.

EL MITO DE SÍSIFO

El mito de Sísifo en el análisis dogmático de la conciencia, cada día se vuelve un calvario.

Los que suben cada día la piedra a la montaña, esta cae y vuelve a empezar el proceso. El mito de Sísifo expresa la realidad nacional: generaciones enteras que sufren una y otra vez los mismos paliativos. Cada mañana cargamos lo mismo: dolor, inflación, impuestos, corrupción. ¿Cuál es el mito de Sísifo? El absurdo.

Pero Sísifo, el antihéroe griego; en vez de rendirse decide disfrutar de su castigo: subiendo y bajando esta piedra a la cima para volver a empezar, pero lo hace a gusto. Descubre que acoger esa verdad lo libera y disfruta su castigo.

Por el placer que supone la vida, somos creadores y disfrutamos de tal manera que infundimos vida a lo que amamos.

No estamos hecho de átomos, sino de historias; necesitamos absorber el recuerdo de aquello que traemos a la memoria; así nos hacemos escultores de nuestro propio cerebro, lo que no creemos acaba la realidad de lo que creamos. Desde que nacimos experimentamos emociones; captamos cualquier cosa que signifique amenaza, espejismo que la mente crea: El miedo inagotable convicción de explorar el alma humana; subjetividad que trasciende al individuo y sigue el inconsciente trabajando dentro de ti.

Frank Kafka en su novela La Metamorfosis, un hombre se ve transformado en un insecto gigante; cuestionándose la esperanza en el amor, e inclusive el significado de la vida, haciéndonos conectar con preguntas incómodas sobre nosotros mismos; situaciones absurdas que generan paranoia.

Era lo que pensaba; su forma de vivir estaba moldeada por su mente. Acababa convirtiéndose en aquello que pensaba.

La depresión, es el poder que tiene el pensamiento. La forma positiva o negativa de los sentimientos: andar a ciegas de sí, con mala música en el alma. Derroche de días, enfermos de miedo y de amargura como sombras de ansias resecas que formaron la piedra.

Sísifo necesitaba cargar una montaña de alegría, de entusiasmo sustancial, con su propio ser, creando la ilusión.

La Fe es una fuerza que nos dirige, cuando el miedo lo genera la mente. La mente es capaz de activar mecanismos ancestrales. Hay que posesionarse de una forma radical. El ser humano tiene reservas para darle la vuelta a cualquier situación si nos deprime, nos anula.

Cuando resuelve con compromiso lo que dice es que está confiado en su pensamiento, es una ilusión óptica que somos capaces del poderío que está dentro de nosotros. Una cosa es tener miedo y otra vivir asustados.

La actitud ante la tormenta refleja nuestra naturaleza. El pensamiento se conecta con el cuerpo, porque activa el área del sentimiento; no es lo mismo a que yo sienta que no puedo, a que entre en el ámbito de nuestra conciencia como anhelo de eternidad.

Podemos sentir, que como Sísifo, cargamos

un peso enorme sobre nuestras espaldas que nada tiene sentido y hasta las cosas más simples nos ganan el pensamiento.

Según Víctor Frank la muerte como final del tiempo que se vive, solo puede causar pavor a quien no sabe llenar el tiempo que le es dado a vivir. Si no está en tus manos cambiar una situación que te produce dolor, siempre podrás escoger la actitud con la que afrontas ese sentimiento. Esa contribución que la vida exige a cada individuo, es la piedra, la carga que lleva Sísifo sobre sus espaldas hasta alcanzar la cima.

La imaginación es la fuente del pensamiento creativo, es más importante que el conocimiento; donde se representan imágenes de cosas reales o ideales, herramienta que nos permite crear soluciones. Es la forma de acceder al potencial infinito de la mente subconsciente.

Cuando Einstein creó la teoría de la relatividad lo catalogaron como el más inteligente de su tiempo.

—Él contestó: no fue la inteligencia, sino la

imaginación que es más importante que el conocimiento.

El efecto Pigmalión se basa en el mito griego de un escultor.

Pigmalión era un escultor que vivía en la isla de Creta y se enamoró de una estatua que él mismo había creado, Galatea. Con tal fuerza vital propulsora; que convirtió la posibilidad en una realidad.

Entelequia: como asignó Aristóteles, a tener el fin en sí mismo, como el árbol es entelequia de la semilla, porque es la que la impulsa a crecer y convertirse en un árbol.

Las expectativas propias modifican la realidad.

El efecto Pigmalión demuestra que nuestro mapa mental contribuye a crearlo.

La historia de Segismundo y Galatea es una bella metáfora, donde el hombre es un creador de más vida, son los hombres de sí mismos.

 Sentir en el alma un lleno y un vacío de fantasías delirantes, cuerdas que suenan y emiten la música que consagra al ser, en la guerra del hombre consigo mismo: padecer del tiempo desde el fondo que alienta el sufrimiento.

Es el escepticismo de la razón, exposición de los sentimientos íntimos en busca de comprensión: fuente constante de anhelo de inmortalidad.

EL TIEMPO

El tiempo: percibirse a sí mismo en su estado interno.

Si podemos pensar en un tiempo solamente puede provenir de la mente. Es una intuición sensible, no es un concepto; solo puede ser percepción o mito como el de Sísifo condenado a repetir siempre la misma tarea sin sentido: empujar la roca de una montaña solo para verla rodar de nuevo. ¿La lucha en sí misma es suficiente para llenar el corazón del hombre?

Si yo pudiera comprender mi vida.

Si yo pudiera compartir mi tiempo.

¿Por qué estoy aquí?

Imposible responderse, es absurdo. Nos ha sobrepasado la vida, vacío existencial: forma emocional de la tristeza.

¿Por qué nos aferramos a vivir?

Hay algo más fuerte que todas las miserias. El juicio del cuerpo es como el espíritu. Adquirimos la costumbre de vivir antes de pensar en la carrera que nos precipita cada día un poco más hacia la muerte.

El hombre conjuga el deseo del universo, reafirma su capacidad de disfrute. Él no pide perdón o decide inventar un nuevo Dios. Haga lo que haga, el héroe trágico sabe y no por ello sube y tira del punto más alto de la montaña, pero disfruta el camino y disfruta el absurdo y su condición se rebela y lo sobrepasa.

Sí, el sufrimiento existe, pero somos capaces de entender que los demás sufren, y le damos la vuelta al absurdo por el sublime placer que es la vida.

Creamos música, danza, poesía y miramos de frente el sinsentido que es vivir. Y al arrojar la piedra desde el punto más alto, al siguiente día decimos:

¡Solo el alma mide lo que espera!

¡Quiero más tiempo para vivir!

        Robert Rosenthal.

¿Cómo ves a los demás?

Yo soy como tú me mires, —dijo Sartre.

Hay que fijarse en el potencial de la persona.

El efecto Pigmalión es un término que utilizó el psicólogo Robert Rosenthal al fijarse en unos experimentos realizados en 1965 para referirse al fenómeno mediante el cual, las expectativas y creencias de una persona influyen en el rendimiento de otra.

Rosenthal bautizó este efecto con el nombre del mito griego Pigmalión.

Hegel habló de la entelequia como fenomenología del espíritu. Cada entidad contiene en sí misma su propio universo; la autorrealización: palanca emocional que convierte la posibilidad en una realidad.

—Dijo Einstein: No le atribuyo a la lógica ningún papel en el desarrollo, sino a mi imaginación.

Una palabra no se la lleva el viento. El lenguaje que utilizamos con nosotros mismos genera realidad. Nuestra forma de vivir está moldeada por nuestra mente, nos convertimos en aquello que pensamos.

Decía Van Gogh: Normalmente resuelvo los problemas, dejando que me devoren. No puedo hacer que nadie entienda lo que está pasando dentro de mí, ni siquiera puedo explicármelo a mí mismo. «Soy una jaula en busca de un pájaro».

No hubo nunca un efecto Pigmalión en Van Gogh, no le drenaba la vida.

Tampoco se enamoró de algunas de sus creaciones. Nunca estaba contento con él mismo, no se aceptaba como pensaba, ni como sentía. No llegaba el suspiro al pulmón, porque no cuidaba lo que se decía a él mismo.

Las profecías tienden a cumplirse cuando tenemos la firme creencia de que son ciertas, porque el cerebro intenta que nuestra conducta sea coherente con las creencias. Las personas actuamos según interpretamos o percibimos; aunque la realidad sea diferente o nuestra percepción falsa; nuestra conducta se adaptará a nuestras creencias, aumentando expectativas hacia un fin que tiende a cumplirse.

Monet, en su estanque de Nenúfares, no solo rodea al espectador, sino logra sumergirlo. Tuvo la habilidad de aligerar su carga, de disfrutarla, representando la transparencia del agua y el reflejo del cielo y del follaje. Este tema se convirtió en el centro de atracción de Monet, en el placer alcanzó la meta de toda su vida. No pesaba la carga al subir la cima. Capturaba la luz centelleante de los álamos y las hojas agitadas por el viento. Sentía la grandeza de la naturaleza aun en la carga del paisaje.

Capturaba la brillantez de rayos de luz en la pendiente del acantilado. Arrojaba con sus manos agua de lluvia y las tiraba al lienzo. Así lo modificaba de acuerdo con los cambios que había en el cielo, en espera de la luz y de las sombras, como rayos que caían; como luces capturadas por las nubes.

Convirtió su carga en un paisaje de inmensas posibilidades.

BEETHOVEN

Beethoven —dijo en su sinfonía: voy a desnudar mi alma para que la conozcan; y mostró el himno de la alegría. Ahí está toda su vida, capaz de explicar cómo subir la carga que llevamos en la espalda hasta alcanzar la montaña.

Un hombre sordo lo imaginó en el sonido, en su emoción. Supo juntar los sonidos del corazón. Es el hombre que ama su realidad para obtener su plenitud solamente vivirá el entusiasmo de existir. Es el espíritu del hombre que infunde voluntad en el alma humana. Según Jung, es la subjetividad que trasciende al individuo, es la fuerza universal de la imaginación humana.

La novena sinfonía de Beethoven resalta el espíritu de la hermandad. La 5ta. Sinfonía va a cambiar la manera de sentir la música. Es el fragmento sinfónico más conocido del mundo. Esas primeras notas han inspirado a los artistas a encontrar el frenesí de la época y las ideas del compositor de transmitir sus creencias políticas profundamente arraigadas al principio de 1800, estaba bajo el hielazo de la Revolución rusa, creyó totalmente en sus ideales. Beethoven hizo de sus sinfonías razón y música, sentimientos grandes y audaces que se quedaron con uno, al experimentar una lucha implícita en la vida del hombre que demanda ser libre.

Paseando un día con un amigo, este le señaló a un pastor, tocando su flauta. Beethoven lo único que pudo escuchar fue silencio. ¡Había llegado el momento temido! Había logrado una carrera en la música y ahora se estaba quedando sordo. Oír es automático, pero escuchar requiere de una habilidad especial. Perder ese sentido puede haber sido la forma de tortura más cruel. ¡La piedra más pesada para subir la montaña!

Se han hecho muchas versiones de la música de Beethoven. Esta música parece inspirar pensamientos muy profundos. Exige una atención hipersensible, hiperconsciente del que escucha, el silencio de su propio Pigmalión.

VICENTE VAN GOGH

Vicente Van Gogh nació después de su hermano muerto y le pusieron el mismo nombre, incomprendido buscaba el alma de las cosas en su pintura. El primer paisaje que le obligaron a ver fue la tumba de su hermano. Al parecer buscaba la muerte a través de su vida. Escribió muchas cartas todas quejas. Su alma inquieta le proporcionaba muchas quejas, solitario y triste desde niño. Su primer dibujo fue registrado a los ocho años.

Obsesionado por el sexo no sabía lo que era hasta los 28 años. Comenzó a crear en su pensamiento el hombre absurdo, que valoraba juzgar si la vida valía o no la pena de ser vivida, sin embargo, quería expresar a través de sus cuadros lo que entraba en su corazón. Quería vaciar su alma en su lienzo, decía: Yo he nacido para crear.

Se obsesionó con la Biblia a pesar de que su padre le decía: Maldigo el día en que tú naciste. Aún así quiso ser Teólogo abstraído en la religión en Borinés empezó a dibujar. Decía, que él y sus pinturas se hablaban, pero como hombre necesitaba a Dios.

Pintó diez cuadros de girasoles, uno de esos, tirado en el suelo, como si se pintara él.

Solía pintar para despertar emociones, pero nunca fue capaz de mostrar relaciones amorosas con una mujer.

Solo vivirá la vida cuando hay voluntad de más vida. Son los hombres de sí mismos. Van Gogh pintó el cielo estrellado, pero no pudo ver la luz de las estrellas, porque sus ojos lloraban con la luz del sol.

Como un pajarito se subió a una rama muy fina, tuvo mucho miedo sobre esa base frágil como su espíritu; lo que llena el corazón del hombre. Qué podía importarle lo frágil de la rama, si él tenía alas.

Las ideas son la esencia inmutable de la realidad.

JOSÉ ORTEGA Y GASSET

Ortega y Gasset rompe con esta concepción idealista de la realidad. En nuestro tiempo hemos experimentado como las ideas más comunes son creencias de una sociedad; pueden modificarse por circunstancias que colaboran para reconstruir como vemos el mundo.

En 1940 Ortega y Gasset analizó el modo en que construimos nuestras ideas y como heredamos las de nuestros antepasados en la forma de creencias: Vías de reflexión dentro de las circunstancias.

El hombre tiene ideas que son imaginarias, pensamientos, pero también tiene creencias, que son pensamientos que ha heredado y los asume sin reparar en ellos.

Esas creencias se confunden con la realidad, son nuestro mundo y nuestro ser y pierden el carácter de ideas, de pensamientos nuestros.

Ortega piensa que el hombre es un productor de ideas cuando se enfrenta a la vida, como inseguridad vital y se encierra en sí mismo y comienza a producir ideas como parches en las grietas que las dudas han producido. Entonces tiene que inventar el mundo y cuando este se rompe, también se rompen sus creencias.

Esta realidad, estas esperanzas y también temores, es obra de otros hombres y no la auténtica realidad. El hombre hereda sus creencias. Cuando se enfrenta a nuevos problemas remodelan estas creencias mediante sus ideas.

Las creencias son nuestras compañeras de viaje. Las ideas, las tenemos. En las creencias, estamos.

—Dijo Sartre: Yo soy como tú me miras.

—¡No! Yo soy como yo me miro.

En encontrar el sentido a nuestra existencia es una alerta a la conciencia.

¿Vale la pena juzgar a la vida, vale la pena de ser vivida? El uso de la imaginación proyecta imágenes que entusiasman. El sueño debe ser grande hasta que dé miedo; vemos el mundo que somos. Hay que empezar a creerlo.

Cuantos peregrinos van a ver la pintura más universal del Juicio Final en el corazón de la capital católica.

Esta gloria de las artes según el concepto medieval es visible en la intensa representación del contenido: San Bartolomé con la piel en la mano del artista encuentra una confesión que denota sentencia.

Se va perdiendo la esperanza. Cada cual va a sufrir por la parte por donde ha perdido.

En el rostro de Miguel Ángel hecho carga. Las penas del camino, son doctrinas del purgatorio.

En la iglesia de San Bartolomé en Roma están los despojos de San Bartolomé. Le arrancaron la piel de sus brazos estando aún vivo.

Quizás, Miguel Ángel en la destrozada piel necesita mostrar el miedo al castigo de sus pecados. Creía no merecer el cielo: aparece el autorretrato del pintor preocupado por el destino de su alma.

Claude Monet, en cambio pasó mucho tiempo en la oscuridad, solo acompañado por la sombra haciendo de su carga de la mochila la capacidad de saber percibir, comprender y manejar las propias emociones, encontró las herramientas para vivir plenamente en el movimiento al cual le dio nombre: Espacio y tiempo materializado. Amanecer en el agua y atardecer en el reflejo de los árboles evocando el símbolo del infinito. Era la impresión que el sol causaba sobre los fenómenos y los objetos. Así eludía los conflictos del mundo. Esos que llevaba en su mochila. Creó con su imaginación su propio jardín. Allí estaba su corazón.

Pintó el movimiento de la luz, naturaleza de luz mística, luz de un mundo edénico. En la serie de paisajes acuáticos, creaba un mundo dentro del mundo.

Ilusión de un todo sin fin. Llegó a la cima sumergiendo en sus estanques el deseo de ofrecer belleza a las almas heridas.

Uno de los generales le dice a Alejandro

Magno:
—No podemos seguir.
—¿Por qué?
—Aquí se acabaron los mapas.
—Contesta el general.
—Los ejércitos menores se quedaron dentro de la mitad de los mapas. Los grandes ejércitos exploran lo que hay fuera de ellos.

El mundo no se acaba en nuestros viejos mapas.

¿Qué hay más allá?

Es una subjetividad que trasciende al individuo.

Según Jung, se trata de una fuerza universal: emoción arrulladora que brota del sistema psíquico y que usurpa el ser en sí, volviéndose esencial.

El pensamiento activa las áreas del sentimiento: diferencia entre pensar que no puedo y sentir, y después en realidad material.

También afecta al cerebro. El pensamiento y sentimiento de desesperanza se mantienen durante un tiempo prolongado, se lleva en la mente de las neuronas y aparece el miedo. Con miedo se bloquea la esperanza. ¿Cómo cuidarnos para defendernos este radical de Fe?

La Fe nos dirige, el miedo que genera la mente. Es capaz de generar una pasión de hundimiento.

El ser humano tiene poder de darle la vuelta a cualquier situación. Salir reforzado (de aquí voy a salir bien).

Confía más en que el ser humano es capaz de crear la realidad. Una cosa es tener miedo y otra es vivir asustados. Es crear y creer sincronizados.

Necesitaba un puente para anclar.

El hombre no es un concepto es una existencia.

Con la tierra siempre en la mente, llegar allí es su destino.

Peregrina entre sus manos.

Los grandes sentimientos poseen consigo su universo espléndido. Iluminan con su pasión. Hay un universo del egoísmo o de la generosidad, es decir una metafísica y una actitud espiritual. La sensación del absurdo puede sentirla un hombre en su desnudez desoladora. Recordar su universo.

Un hombre se define por sus impulsos sinceros. Sentimientos inaccesibles en el corazón.

El mismo ritmo es una ruta, pero un día surge «el porqué» y despista el movimiento de la conciencia, la despierta y provoca el despertar. Todo comienza por la conciencia. Es el réquiem del absurdo, está en el origen de todo.

El cuerpo inerte no tiene alma. No dejan huellas sus manos las grandes pasiones. El corazón se dilata y confronta el deseo, cuyo llamamiento resuena en lo más profundo del hombre. La pasión le quema el corazón. Ella despierta lo irracional. También el hombre desgarrado por los muros que lo encierran; lo absurdo es lo contrario de la esperanza.

Cuando la mente se inclina sobre sí misma es reducirla a lo humano. Amar y sufrir era la dicha de su espíritu.

Que muevas la tierra con tus sueños.

El mundo puede ser absurdo, pero deja que sueñe el corazón.

No dejes caer tu carga, no congeles el gozo. No te quedes inmóvil en medio del camino. Si el sol no calentara, si la lluvia no existiera: siéntete vivo, cuenta contigo.

Un concepto antiguo griego dice que el entusiasmo es «tener un Dios dentro de sí».

Es una exaltación, emoción por algo que cautiva, es una alegría especial que se enamora de una idea. Nos conecta con la alegría y la felicidad.

La palabra hebrea Entheos significa que lleva un Dios adentro. El entusiasmo es producto de la intervención divina, de la presencia de Dios en cada persona que hacía posible que se llenara de alegría por la vida misma, sin necesidad de tener un objetivo.

«Entusiasmo»: Exaltación de ánimo por algo que cautive.

Timoteo 1.6 Pablo le escribió a Timoteo para que se entusiasmara el fuego del don de Dios que está en ti.

— Puedes convertir en realidad lo que te dices a ti mismo.

Entre el dolor y la nada prefiero el dolor. William Falkner.
—Crear es creer.
Creer en algo modifica cualquier cosa.
Creer, amar algo, tener un porqué.
Tenemos que cambiar la idea que tenemos de nosotros mismos.
—Le drenaba la vida.

El conócete a ti mismo de Sócrates. Revelan nostalgia: entre la certidumbre. Solo las ilusiones nos ayudan a vivir. Un hombre que supiese toda la verdad debería sentarse al borde de un camino y llorar hasta la muerte.

Edmond Leroux
Las ilusiones perdidas son hojas, son hojas desprendidas del árbol del corazón.

José de Espronceda.
La lucha por llegar a la cumbre basta para llenar al corazón.

Albert Camus
La mente que agita la mente es tu propio ser.

¡Qué muevas la tierra con tus sueños!
No dejes caer tu carga, no congeles el gozo, no te quedes inmóvil en medio del camino.

EL HOMBRE Y LO DIVINO.

El hombre se ha sentido siempre mirado sin ver. Este es el delirio de la presencia de algo superior a nuestras vidas y que no es visible.

La esperanza está aprisionada en el miedo.

Es un sentimiento que se descubre, el hombre que es, se le oculta y anhela salir de sí. No puede mirarse es una realidad que él no inventa. Los dioses pueden haber sido inventados, pero surgieron un día, como una irradiación de la vida que surge del misterio que dibuja la mente y hacían al hombre sentirse poseído, siervo, sin saber de quién; por eso la esperanza es la demanda en la que se despliega la vida y entonces, como Job preguntamos al sentir la aguda punzada de la queja cuando sufrimos daños dolorosos e injustos sin poder entenderlos. Y creemos que nunca sentiremos paz y armonía, sino la tristeza del pájaro por la pérdida del cielo en que voló.

Así las consultas de Apolo, a través de los oráculos. Aparece así lo más humano del hombre, larga angustia de la humanidad desde la prehistoria. Prometeo se afirmó en sí mismo. Titán rebelado a favor del hombre a través del padecer. Desde la prehistoria el ser humano se ha atrevido a preguntar dirigiéndose a lo divino. Es la primera pregunta que conocemos al padecer. Es una queja razonada, no es el ¡Ay! perdido en el viento, es como la queja de Job, quizás la primera que yace muy triste por el peso del castigo divino. El tema principal de Job se conserva en el libro más antiguo de la vida. Job guardaba los mandamientos. Él y su familia tenían gran riqueza. Dios permitió que lo pusieran a prueba para evaluar la fe de Job; lo perdieron todo, inclusive a sus hijos, y todavía tenía fe en Dios, ante el sufrimiento y el dolor. ¿Quedará este tema bíblico en el pensamiento o será un desafío a la metafísica?

—Job 24:12. Los amigos de Job lo acusan de abandonar a Dios, pero la evidencia demuestra que el justo es abanderado por Dios. Nadie está seguro de la vida. ¿Por qué Dios permite que los malvados prosperen? Se quejaba Job.

—La queja de Prometeo es más antigua: es un doloroso soliloquio mientras padece su castigo. Esquilo brinda una imagen muy humana y desdichada.

Prometeo se queja porque: por una injusticia; y a la vez se consuela con su audacia.

El hombre, para los presocráticos es un alma del cosmos. Para Aristóteles es un animal político; para Descartes es un ser que piensa, para Kant un ser que juzga, para Marx, un ser que trabaja; para Bergson, un ser que crea.

Según Platón la esencia del hombre es el alma, que es el espíritu.

El hombre se pregunta a sí mismo sobre su propio ser como si estuviera hecho de madera retorcida; —dice Kant en sus reflexiones: nada puede tallarse recto; sin embargo, pican en árboles que, en medio del bosque, muestran un bello crecimiento.

Eclesiastés 3:11 (ovt). El hombre, aunque

aparentemente lo tenga todo, nunca estará satisfecho, no tardará en sentir impaciencia, algo más le está pidiendo; búsqueda más allá de nuestras necesidades físicas y emocionales: eternidad en el corazón del hombre.

San Agustín dijo:

—Tú nos has creado para ti mismo, «y nuestros corazones están inquietos, hasta que aprendamos a descansar en ti». Hay un anhelo en lo profundo del espíritu humano que desea más de lo que puede ofrecer la vida.

VITRUBIO.

El Vitrubio es un famoso hombre. Dibujo acompañado de notas anatómicas de Leonardo da Vinci. Estudio de las proporciones ideales del cuerpo humano según Vitrubio en 1492. Intento de Leonardo da Vinci por crear al hombre perfecto. Para lograrlo aplicó sus conocimientos. Debe su nombre a Marco Vitrubio, Arquitecto romano del siglo I, a.C. Fijó unas proporciones matemáticas para definir al hombre perfecto.

Uno de los símbolos más emblemáticos y reconocidos de la historia del arte en el Vitrubio. Leonardo da Vinci trata de definir, por medio de la simetría en la arquitectura al hombre perfecto. Se muestra la figura desnuda con los brazos y las piernas sobreimpresas en dos posiciones diferentes, una de ellas dentro de un círculo y la otra dentro de un cuadrado.

El hombre Vitrubio arrojó luz sobre la oscuridad y el caos de la Edad Media, a través de la ciencia y el arte. El cuerpo humano puede representarse a través de proporciones matemáticas, simboliza el fin del oscurantismo y el triunfo de la ciencia sobre las supersticiones e incluso sobre la religión.

Los hombres del Renacimiento demostraron que Dios no era el ser que interpretaban los sacerdotes. Las matemáticas habían sido creadas quizás en el momento de la creación. Este concepto sustituye la religión y las supersticiones para gobernar el destino de la Humanidad.

Esta es la gran aportación del Renacimiento y marca el inicio de la Edad Moderna, más la razón y la ciencia.

Este período creció por el conocimiento adquirido de los pensadores que se iban separando de la religión.

Leonardo da Vinci es el gran plasmador de las ideas y las formas arquitectónicas del Renacimiento italiano.

Se le llama al dibujo «El hombre de Vitrubio» porque el arquitecto no expresa al ser humano como centro de la creación, sino al ser humano inserto en la naturaleza.

Ser humano real: celeste y terrestre en su doble condición. Terrestre en su ocupación cotidiana que tiene que enfrentar y celeste porque es capaz de mirar a las estrellas y soñar con la eternidad. Es el puente que se encuentra en dos mundos, la cuadratura del círculo, da una respuesta al misterio.

Es renacentista y trata de encontrar la unión

entre el mundo material y el mundo espiritual: mundo sensible o mundo de las ideas.

El centro de la naturaleza terrestre del hombre radica en sus genitales: canal de la supervivencia de la especie y en el ombligo que controla el centro de saber de los instintos, lugar sagrado de la creación, el monte donde escribió Dios las tablas de la ley es considerado como ombligo de la tierra. El ombligo es el principio de todo: —Dijo Aristóteles: por él comienza a enraizar el embrión, y es el asiento del alma, el punto de mayor espiritualidad en el ser humano.

Es un hombre de fe el hombre Vitrubio porque a pesar de ser consciente de sus limitaciones, no deja de soñar con su origen divino. Y reclina la vuelta a su origen celestial.

Los renacentistas se diferencian con nuestro tiempo, en que ellos tienen fe.

¿Nosotros hemos perdido el rumbo y nos quedaremos con nuestra humanidad?

EL RENACIMIENTO

La forma de pensar y el estilo de vida comenzaron a cambiar. El rumbo de la humanidad empezó a transformarse, por el Renacimiento, fue un despertar tras una era del pensamiento alejado de la parte física.

Tiempo después surgieron corrientes como el Romanticismo con movimientos revolucionarios que le dieron forma al mundo actual.

El rumbo de la humanidad comenzó a cambiar por el despertar de una era oscura en que las ideas empezaron a transformarse: era el efecto de otro tiempo en que el Romanticismo y movimientos revolucionarios le dieron forma a un mundo distinto. Después de la caída de Constantinopla a manos de los otomanos, muchos escaparon hacia Europa llevando consigo todo su conocimiento que conservaban del antiguo imperio romano y muchos intelectuales griegos, además del interés que esas culturas antiguas despertaron. A este regreso le llamaron el Renacimiento. Así se incrementó en el siglo XV el desarrollo cultural.

La separación de las ideas de la iglesia también iba tomando fuerza. Muchos intelectuales se apoyaron más en la razón y en la lógica que en el espiritualismo.

Reyes de España y Francia apoyaron el talento artístico, porque en pinturas y esculturas se representaban paisajes históricos que despertaban aún, más interés. Todo tuvo la oportunidad para desarrollarse.

La idea que la tierra era el centro del universo se iba derribando y se concluyó que todo giraba alrededor del sol por la fuerza de gravedad que el sol posee.

El Renacimiento marcó un antes y un después. La Biblia fue traducida a otros idiomas, lo que llevó a la creación de otros movimientos religiosos, de manera que empezaron a dudar y a interpretar diferente. El humanismo fue en contra de la iglesia, porque era un movimiento que valoraba más al hombre que a Dios.

ROMANTICISMO.

—Dice Marx que la primera crítica que se hizo de la sociedad moderna tenía una perspectiva romántica medieval, aunque ahora la sociedad burguesa corresponde a una orientación socialista y consiste en ir mucho más allá de la Edad Media hacia la época primitiva de cada pueblo. Y realmente, el principio de igualdad social se encuentra en las comunidades primitivas, que en la sociedad futura: es la dialéctica entre el pasado y el futuro. Lo que fue el progreso, el desarrollo de la civilización de la propiedad privada, fue también desde el punto de vista social, una regresión. Se destruyó el espíritu comunitario. Esta carta fue enviada por Marx a Engels en 1868.

El progreso en la historia siempre fue contradictorio, es decir, del Comunismo y Engels rechaza la idea ingenua del progreso que viene de las primeras comunidades de la civilización griega y romana que produjeron una forma social inhumana, como era la esclavitud.

El Romanticismo surgió a finales del siglo XVlll como una reacción revolucionaria, confiriendo prioridad a los sentimientos.

«El inconsciente está detrás de lo que hacemos, decimos o deseamos». Los románticos buscaron reflejar desde subjetividad, los aspectos de la vida más vinculados a las emociones.

El Romanticismo se desarrolló en la cambiante sociedad del siglo XIX a partir de la Revolución Francesa y el fracaso napoleónico, surgió un sentimiento de decepción en la sociedad. La industrialización tuvo como consecuencia una masiva movilización desde las áreas rurales a las urbanas.

Así se afianzó la burguesía como clase social en ascenso; y así se constituyó una sociedad desinteresada de los procesos históricos, pero la novedad de los viajes, el conocimiento de culturas ajenas, lo exótico: aparecieron nuevos valores.

La vida es una búsqueda y los caminos del mundo tienen muchos senderos a veces elevados y en ocasiones nos encontramos con abismos que nos dejan inmóviles en medio del camino. El sol no calienta, pero es capaz.

Prometeo representa la conciencia del hombre y su afán de inmortalidad.

El buitre devorador de sus entrañas simboliza la razón, y la imposibilidad de creer en la eternidad. Entre ambas figuras se establece una lucha dialéctica que representa la del hombre.

Unamuno se identifica con la figura para expresar su lucha espiritual: saber que va a ser de él, de su conciencia después que muera y su más íntimo anhelo: no morir del todo; alcanzar una inmortalidad consciente. ¿Y es que tiene el hombre que aprender pidiendo? «El fuego» quema, transforma, hace sufrir, pero también purifica. Es agente de destrucción y renovación.

Heráclito compara la realidad con el curso de un río: «No podemos bañarnos dos veces en la misma agua». Porque cuando regresemos a él sus aguas contaminantes renovadas, ya son otras y hasta su lecho y sus riberas se han transformado, de manera que no hay identidad estricta entre el río del primer momento y el de nuestro regreso a él. El río de Heráclito simboliza el cambio perpetuo de todas las cosas. Todo lo que se ofrece como permanente no es más que una ilusión. El mundo entero es un constante hacerse y deshacerse. Fuego vivo que se enciende, porque la razón no sirve para expresar la realidad del hombre.

MIGUEL DE UNAMUNO

Dice Unamuno:
No quiero dar por filosofía lo que después de una etapa de racionalismo no sea sino poesía en una forma de conocimiento que mana de otra fuente que no es la pura razón. ¿Es qué el sueño y el mito no contienen su verdad irracional, aunque la realidad no pueda probarse?

El mundo es eterno, de duración infinita. Heráclito fue el primero en presentar en Grecia un concepto de eternidad que es infinidad temporal del ser.

Unamuno tiene la convicción de que la realidad, la razón es el exterior, pero no lo que está por debajo: el yo del poeta: su alma, sus anhelos, y llega a sentir que la razón es enemiga de la vida. Dice en su credo poético, piensa el sentimiento y siente el pensamiento. Si lo piensas, lo sientes: contenido psíquico que nos parece individualizado.

El interés del mito de Prometeo no se concentra en el carácter filantrópico en su beneficio social para los hombres, sino en la búsqueda de la inmortalidad.

Y piensa Unamuno en su anhelo de siempre vivir: Si al morírseme el cuerpo que me sustenta y al que llamo mío para distinguirme de mí mismo que soy yo; vuelve mi cuerpo a la absoluta inconsciencia entonces no somos más que una procesión de fantasmas que van de la nada, a la nada. ¡Cuántos buitres pensamientos acarician el castigo!

Prometeo razona consigo mismo, dirigiéndose al buitre silente que lo está devorando.

Así comienza el poema, Unidad dialéctica de contrarios:

«Nacer fue mi delito, nacer a la conciencia; sentir el mar en río de lo infinito y amar a los humanos. ¡Pensar es mi castigo!»

Sin la acción de Prometeo la existencia del hombre no hubiera podido establecerse. Las resonancias místicas de la figura de Prometeo, quien le dice a aquellos seres fantasmales que observando no veían y oyendo no oían. Era la debilidad material y espiritual del hombre dotarse de pensamiento. Prometeo representa el hombre que nace de la conciencia, el hombre de carne y hueso que tiene conciencia de sí, a lo que Unamuno llama serse, la experiencia de ser yo, y sin dejar de serlo; prolongarme a lo inacabable del tiempo, ser todo yo y serlo para siempre.

Es el dolor físico lo que nos revela la existencia de nuestras propias entrañas. Entonces nos quejamos y molesta la queja y así nos pasa con la angustia, que es el signo específico del ser humano y no nos damos cuenta de que tenemos alma, hasta que ésta duele.

El ser humano se ha afirmado a sí mismo a través de padecer multiplica los dolores en su propia agonía.

Prometeo representa la conciencia del hombre y su afán de conocimiento e inmortalidad y el buitre; devorador de sus entrañas que simboliza la razón y con ella la imposibilidad de creer.

La vida contemporánea abruma a los hombres. El uso de la razón y la ciencia no pueden explicar el Universo. A veces el absurdo se convierte en pasión. La contradicción debe ser vivida, sin embargo, el absurdo no debe ser aceptado nunca: Es necesario confrontarlo en constante rebeldía.

Camus asegura que cuando Sísifo reconoce la verdad de su destino, es liberado y llega a un estado de aceptación. «Todo está bien».

La verdad del hombre es el desafío. Esa rebeldía otorga a la vida su precio y su grandeza. El hombre es capaz de luchar aun contra una realidad que lo trasciende aunque este sea anterior al pensamiento.

Ortega y Gasset consideró que la vida es la realidad entre el yo y las circunstancias en las que cada uno se relaciona con el mundo. La vida se ejercita hacia adelante. El absurdo está ahí, pero no significa que no debe desafiarse o rebelarse contra él.

La voluntad de vivir subyace en todo el mundo de los fenómenos, debe satisfacer su anhelo, nutriéndose así mismo. La fuente de la creación está dentro del hombre.

¡El viento que agita nuestra mente, es nuestro propio ser! Hay que mover la tierra con los sueños. El mundo puede ser absurdo, pero deja que sueñe el corazón.

En estos momentos la única verdad es el desafío, tu rebeldía de impulsarse a la decepción atraganta tu vida, tu juicio y tu grandeza.

La vida es la realidad que se te presenta ahora entre tú, las circunstancias y yo. La voluntad de conseguir lo que quieras debe satisfacer los nutrientes a tu espíritu.

No olvides que la fuente de creación está dentro de ti.

No dejes caer tu carga, atiende el vuelo sin mirar las alas.

No te quedes rezagado en medio del camino.

Si el sol no calentara. Si la lluvia no cayera sube a la cumbre.

Siéntete vivo, cuenta contigo.

El significado de la palabra «Kafkiano». —La piedra describe situaciones absurdas o angustiosas. Cada piedra que Sísifo cargaba en sus espaldas eran abstraídas ilógicas, y cada uno lo condenaba con su peso a fracasar; atrapado por sus reveses y se va convirtiendo en un insecto gigante, sin voluntad. Es lo Kafkiano en el hombre, lo absurdo, contrario de la esperanza. Cuando la mente se inclina sobre sí misma.

Van Gogh era retraído, a pesar de su imponente obra, no pudo ir sacando las piedras que lo encorvaba; el peso se volvió realidad humana de la que no pudo sustraerse, lo unió con su entorno, no pudo huir de su existencia. Comenzó a sentir la carga de sí mismo enfrentando el caos del romanticismo irreconciliable. No hay un sol en la intimidad de su espacio. Quiso representar la luz de la fe en sus cuadros sin sentir miedo, pero se hundió en la nada; en la pintura existencial del sentido, por la propia existencia. Asumió el sentimiento de la angustia como construcción de vida. Sucumbió el espíritu ante el miedo y la angustia. Y el fantasma posee al pintor, le hace intérprete de la naturaleza y de la carga que identifica el ser con la eternidad que no significó libertad, sino lo derrumbó a la tierra con la mochila y pereció bajo su peso.

La filosofía del existencialismo persigue el conocimiento de la realidad a través de la propia existencia, esta teoría surgió de la noción de que no hay esencias que determinen el actuar de los seres humanos, como simples nihilistas que sienten los males de la sociedad, se aparta y los aleja. El hombre pide más y profundiza los problemas del individuo y su irracionalidad. Explora el mundo para entender por él mismo; sin que nadie le interprete: El hombre no debe rendir culto a un ser absoluto para expiar su culpa. Tampoco considera que todo esté putrefacto y permitido; legitimado el mal y las injusticias. No es nostalgia, ni ausencia de Dios, sino saber que este mundo es el que tenemos. El nihilismo conduce a la búsqueda según Hegel y sus interpretaciones que rinden culto a la política como nueva religión.

Cristianos y Marxistas en un mismo ideal: Creación de una esperanza utópica.

El esfuerzo inconstante de Sísifo al encontrar el sentido a su propia existencia, es llevar la mochila de orgullo y de poesía. Es la melodía cósmica de una sinfonía, en la mente de Dios.

Solo si creemos que podemos conseguir lo que deseamos, lo conseguiremos.

—Dijo Goethe:

«Trata a una persona tal y como es y seguirá siendo lo que es, trátala como puede y debe ser y se convertirá en lo que puede y debe ser».

El ejemplo más conocido es el de un estudio psicológico que se realizó en una escuela: A un grupo de profesores se les dijo que una serie de alumnos habían sacado las notas más altas que el resto, en un Test de inteligencia por lo que estos tendrían mejores resultados, y al cabo del curso se comprobó que estos alumnos efectivamente habían tenido mejor resultado y rendimiento que los demás.

Los maestros habían creado grandes expectativas para los alumnos encomendados, de manera que su compartimiento logró que éstos se destacaran. Los alumnos a su vez, recibieron esas expectativas y condicionados por ellos, aumentaron su rendimiento.

En el ámbito familiar: si comparamos a un hermano con el que tiene menos facultades, inconscientemente estaremos creando unas expectativas para cada hijo que se reproducirán en el futuro y confirmarán nuestras predicciones.

Las expectativas que el efecto Pigmalión crea en nosotros es como empaparnos en esponjas de esas creencias y no descansamos hasta alcanzar el objetivo. Contar con nosotros mismos. Infundámosle vida a nuestra escultura para que se produzca el efecto Pigmalión.

Dice Albert Camus en el *mito de Sísifo*:
«La lucha de sí mismo hacia la altura es suficiente para llenar el corazón del hombre».
«La lucha por llegar a las cumbres basta para llenar un corazón».

El mito de Sísifo expresa la realidad.

Asumir la ausencia del sentido de la vida y construirlo uno mismo es una idea revolucionaria de que gozamos de libertad para imponer un significado propio a todo lo que hacemos.

Puede tenerse todo lo que consideramos como retos fundamentales de la vida, sin embargo, aparece implacable la crisis existencial que aparece también como crisis de identidad.

Cuando el pensamiento se niega así mismo, negándose a vivir fuera de su lugar. Cuando hemos dejado todo, cuanto la vida era; este lugar no es razonable, es absurda la confrontación de identidad. En esta introspección nos cuestionamos aspectos de la vida que hasta el momento no valoraríamos.

La pasión puede ser un absurdo, pero Agustín Tamargo, necesitó saber si podría vivir sin ella; sin regresar a Puerto Padre, porque la luz de su pasión le quemaba el corazón. Siempre habrá alguien que encuentre curiosidad al hombre desgarrado por los muros que lo encierran. El pensamiento existencial presupone lo absurdo, pero este es lo contrario de la esperanza.

El recuerdo del exiliado es más poderoso que mil realidades.

Efecto Pigmalión: Confía en ti y todo será

realidad, creer es crear, es tener un porqué. Tenemos que cambiar la idea que tenemos de nosotros mismos.

Que te drene la vida, porque la fuente de la creación está en ti.

EL VELO DE MAYA:

Un velo es algo que tapa otra cosa y la oculta, poniendo una barrera que impide ver más allá de la misma. A quienes la vieran debería quedarle claro que se trata de algo que no es, algo que no tiene consistencia como cosa en sí, sino que su naturaleza o función es ocultar lo que está detrás.

La primera mención de Maya en el mundo, es una cita que dice lo siguiente:

«Es la Maya, el velo del engaño que envuelve los ojos de los mortales como el resplandor del sol sobre la arena que se asemeja al sueño».

El concepto de Maya nos hace pensar que cosa es falsedad y que cosa es realidad. Es como un velo, como una cortina que reproduce diseños que encanta a la vista.

Se cumplen 200 años del Manifiesto de Carl Marx: ideólogo de la revolución rusa. Vivió gran parte de su vida en la pobreza y dos de sus escritos: «El Manifiesto Comunista» junto a Engels y «El Capital» tuvieron gran influencia y marcó buena parte de la historia del siglo 20. Proyecto fallido de energía, de pensamiento, de proyección. No distinguió la realidad de la ilusión.

El Marxismo se convirtió en una manera de interpretar el mundo. El tupido velo que cubre la historia con la lucha de clases antagónicas: desigualdad en el mundo. Muchos buscan inspiración para sus propias luchas a través del velo de la ilusión que separa la realidad del sueño.

El velo de Maya es la ilusión producto de las creaciones de nuestros propios pensamientos cuando tomamos nuestros conceptos como realidades, es cuando decimos que estamos bajo el velo de Maya. Cuando desarrollamos un vínculo con la apariencia y queremos aparentar lo que no somos con propósitos egoístas para que sobrevivan nuestras ideas que son creadas por nuestro ego, caemos en un círculo vicioso que nos aleja de poder percibir cual es la realidad.

Es importante distinguir la realidad de la ilusión. La religión hindú define a Maya como una deidad, como la ilusión, la fantasía, la irrealidad, la cual designa la autorrealización espiritual. Trascender el velo de Maya significa vencer el espejismo, la irrealidad, la ignorancia y las limitaciones que nos impiden conocer la realidad. Llevarnos una ilusión somnolienta causada por las percepciones. Así Marx buscó en El Capital la mercancía novedosa, la explicación de la necesidad del hombre con mentalidad reducida y pueril de economizar el pensamiento. Célebre pedagogía para oprimir a los pueblos. Imposición de una conciencia a otra. Veía a través del velo de Maya la base de la especie humana. En nuestro tiempo una mayor experiencia de los sentidos y percepciones. ¿A dónde quieren llevarnos? Venimos de culturas tribales propensas a utilizarnos. ¿Creemos en el sueño como si fuese una realidad? Nuestros ancestros tribales creían en dioses y nosotros creemos en otros que nos esclavizan. La apariencia demócrata no solo es una fuente de presencia de hoy, sino de segregación de frustrados que se resisten a morir. No hay necesidad de buscar libros es mejor mirarnos a nosotros mismos y entender la realidad.

Marx continúa siendo atractivo para el discurso político actual. Vio a través de su turbulento velo de interpretación el final del siglo XX. No vio detrás del velo el sueño por alcanzar, sino la pesadilla de tantas generaciones posteriores.

Maya personifica a la deidad que gobierna el sueño de la realidad. Puede ser interpretada como un símbolo de luz obtenida a través de la comprensión de la ilusión. Los budistas asumen a Maya como una de las pasiones que expresan la idea de que vivimos atados a una realidad ilusoria y no la verdadera.

Filósofos contemporáneos sugieren que lo que se percibe por los sentidos no es la realidad como pensamos, sino una parte de ella, es una ilusión.

Para los místicos, trascender el Velo de Maya significa trascender la irrealidad.

Pensamos que el mundo material representa lo verdadero y nos olvidamos de los sentidos y la mente humana.

Todo lo que percibimos por los sentidos no es más que nuestro consciente, al medir el tiempo. Si confundir la realidad, permanecer atado a la ilusión, porque el Ser es infinito y divino, nuestra mente deja de juzgar y trabaja sin prejuicios. Es el primer paso para acercarnos a la libertad.

Según Schopenhauer: El hombre tiene que aceptar el sufrimiento como esencia de la vida, pero hay que perforar el velo de Maya, es decir, de la ilusión cósmica; ideas que abrieron el pensamiento de la segunda mitad del siglo XIX.

El sufrimiento es el fundamento de la vida, para alejarlo hacemos una lucha constante y vuelve de muchas formas diferentes; cambiando con la edad y con las circunstancias. El sufrimiento se transforma en deseo carnal, en amor pasional, celos, envidia, multitud de males que debe condicionar nuestra inteligencia.

Schopenhauer, utilizó la palabra «velo» para indicar todas las religiones que se autodefinen como reveladoras. Es como si utilizan dos veces la palabra «Velo»: la primera para representar el carácter ilusorio del mundo y la segunda para representar la oscuridad de la revelación espiritual.

El origen de la palabra Maya incluye procedimientos mágicos siendo percibidas como algo imaginario. Sin embargo, esa jerarquía de realidades ilusorias no puede ser considerada irreal, lo que Schopenhauer quiere demostrar es la existencia de realidades en grados distintos.

Esas imágenes simbolizaban el deseo de diferenciar, de mirar el mundo de otra forma. Aunque el mundo la mire como un río que fluye, eso no significa que es irreal. Es por medio del velo de Maya que los hombres pueden alcanzar el Nirvana y sentirse libres.

El absurdo nace del llamamiento humano y el silencio irrazonable del mundo. Busquemos la respuesta.

No hemos entendido la vida. En el suicidio uno afirma que no vale la pena vivir. Es falso. No hay nada que refuerce más el absurdo. Al no encontrar una respuesta inexistente, queremos marcharnos por el absurdo que implicaría una resignación total.

Es la confrontación del hombre con su propia oscuridad. Es la rebeldía que es capaz de luchar contra una realidad que lo trasciende. No se percata de sus grilletes, pero si es capaz de experimentar la libertad cuando piensa en la oportunidad de darle sentido a la vida. Esos son los que suben la montaña una y otra vez.

—Dijo Napoleón en el año 1870. Los judíos lloran por la destrucción del templo hasta el día de hoy, y los judíos lloran...

Napoleón Bonaparte, entrando en una sinagoga, ya en la ciudad de París, diciendo:

—¿Por qué están tan tristes, por qué lloran? Y los judíos le respondieron:

—Por aquel templo de Jerusalén que se destruyó.

—Pero el templo se destruyó hace más de dos mil años, —¿Por qué están llorando? Y los judíos contestaron:

—Es como si fuera hoy, —dice Napoleón: un pueblo que es capaz de recordar sufriendo como si fuera hoy; es el pueblo que nunca va a dejar de existir y nunca su luz se extinguirá.

Winston Churchill, su trayectoria política abarca desde el año 1904 hasta el 1951. Ganó el premio Nobel de Literatura en 1903. Tuvo un papel determinante al frente de Gran Bretaña durante la Segunda Guerra Mundial. Gran estadista que cambió el rumbo de Europa; y logró que los aliados ganaran la guerra con su inspiración en los momentos más difíciles del conflicto. A pesar de estar subiendo la montaña de su vida se atrevió a decir públicamente que entre el fascismo y el comunismo no había diferencias. Se encuentran en los extremos opuestos de la tierra; en cualquiera de ellas sería imposible determinar cuál es la diferencia. Churchill, encontró el sentido a la vida al subir la montaña con tanto peso en las espaldas.

Se definió a sí mismo como el adalid de la libertad. Ha pasado a la historia como el gran estadista, pero también fue un gran bebedor, un fumador empedernido; le encantaba contar cuentos de doble sentido y sus enfados eran épicos. ¡Cuántos defectos! ¡Cuántas virtudes!

El escritor ruso Iván Turguenev compara el nihilismo con el anarquismo, opuesto a toda autoridad. Es una doctrina filosófica: considera que el final de todo se reduce a nada y por tanto, nada tiene sentido. Niega el último sentido de la existencia.

La vida es lo que de ella se hace, no lo que se dice que hay que hacer.

El nihilismo no reúne ningún valor, sin principios ni dogmas religiosos, normales o políticos. Considera que la vida carece de propósito, y muestra su resentimiento y odio hacia ella.

«Un nihilista, prefiere creer en la nada, a no creer en nada». —Dijo: Nietzsche, el mayor exponente del nihilismo, para quien Dios ha muerto, y la muerte de Dios significa que estamos en el enorme vacío que deja el Dios muerto, es el inexorable punto filosófico de nuestra historia y cultura occidental.

Los supremos valores se devalúan, afirma Nietzsche porque la incoherencia ha dejado a la realidad carente de sentido. Tenemos la esperanza muerta y no nos responde desde Dios, ahora no tenemos respuestas y eso significa que estamos sin brújula en el desierto de la historia.

El papel del nihilismo es el de negar para afirmar, destruir para crear, dejando el camino hacia un nuevo tipo de hombre, el superhombre, que afirma la vida y ansía vivir.

La crisis, la modernidad y el nihilismo se

entiende como la capacidad de promover al debate histórico de ideas en la desvalorización de los valores considerados como supremos: En el hombre comienzan a aparecer la falta de metas, fundamentos y objetivos.

Nietzsche plantea entonces el nihilismo como un pensamiento de pensamiento según valores, pero el valor no le permite al ser encontrar su esencia en sí mismo. ¿Será entonces una consumación de sí mismo? Nietzsche —dice: que los supremos valores se devalúan, antes se respondían desde Dios, ahora ya no tienen respuesta: estamos sin brújula en el desierto de la historia.

Debe existir un cambio profundo de valores. El papel del nihilismo es el de negar para afirmar y destruir para creer, para que surja un nuevo tipo de hombre, el superhombre, que afirma la vida y ansía vivir.

NIHILISMO. NIETZSCHE

Un nihilista no concede credibilidad a ninguna institución u otra persona. No cree que nadie tenga la verdad absoluta. No ataca la religión, tiende a creer en lo que puede comprobar. Nada de Fe.

Está comunicando que el nihilista en la vida no tiene ningún propósito, como Sísifo, subiendo la piedra a la montaña.

Al no existir líderes, al no haber sentido, el propio hombre no se motiva por nada, pero tiene ilusiones, propósitos. (Superhombre)

Los esclavos llaman a los amos malvados y dicen que ellos son los buenos.

Es una moral del resentimiento de la envidia. Los débiles envidian siempre a los poderosos.

Los esclavos se sienten oprimidos y dicen: que ellos son buenos. Moral del resentimiento.

Para Nietzsche la moral de los esclavos caracteriza al judaísmo y al cristianismo.

Su aparente generosidad es típica de los esclavos y para esta moral la divinidad es un mérito. La culpa deriva de la conciencia.

De acuerdo a la moral de los esclavos el egoísmo pasa a ser un pecado; pero en amor es perfecto ser egoísta. Cuando los esclavos toman la debilidad, para Nietzsche significa nosotros, los débiles, somos débiles, hagamos cosas débiles. Están tomando la debilidad como un mérito, todo el cristianismo: Bienaventurados los pobres, porque de ellos es el reino de los cielos.

El cristianismo y el socialismo presentan la debilidad, moral del resentimiento.

De ahí surge la necesidad de defensa por la añoranza de un universo que escapa a nuestra comprensión y habrá siempre dentro del hombre un intento creativo, que solo puede acabar en plenitud o en decadencia; en la muestra de lo mejor o peor que cada uno lleva consigo.

Es la experiencia trágica la conciencia de la realidad.

—Decía Nietzsche: padecemos extrema sensibilidad para el dolor que pueda deparar el futuro y queremos aparentar que no nos importa el dolor que este nos pueda deparar, pero siempre en el pensamiento esa extraña patología en la causticidad de la existencia, velo de temor y debilidad que amenaza tambalear nuestro frágil estar de pie. Se vuelve negra, el asomo a la «horrenda verdad», como la llama Nietzsche revela la naturaleza absurda de la existencia. ¿Cuál es el sentido de la vida? Es la pregunta más difícil de contestar.

Muchos ponen en peligro su vida y otros quieren su cuerpo para vivirlo. Adquirimos la costumbre de vivir antes de pensar. Pertenece al tiempo y ser.

Quiere vivirse. Reconoce que se halla en los primeros pasos del camino que habrá que recorrer. ¿Le negará la naturaleza el bello paisaje?

El absurdo tiene un fundamento, lo que hacemos de nosotros: Causa-Efecto.

El absurdo es plantearse el por qué. Entender que estamos en un mundo caótico, desordenado confuso, embrollado incoherente.

Un mundo en que sentimos el desnivel constante de lo que nos imaginamos saber y lo que realmente sabemos. Hay un foso que nunca será lleno, seremos extraños a nosotros mismos. Hay verdades, pero no verdad.

Albert Camus habla sobre el «Conócete a ti mismo» de Sócrates: Revelan una nostalgia, al mismo tiempo que una ignorancia.

¿Cómo negaría yo este mundo cuya potencia y fuerza experimento?

Qué condición es esta en la que no consigo la paz, sino que negándome a saber y a vivir, en la que abracen los deseos de sentirse y de vivirse, pero la inteligencia —dice que este mundo es absurdo, aunque la razón ciega quiera comprender el sueño del corazón.

Si no puedo saber todas las explicaciones que podemos escuchar nada tienen que ver con el espíritu encadenado al destino del hombre.

Heidegger considera la condición humana y piensa, que la única realidad es la inquietud en todos los seres perdidos en el mundo, si ese temor adquiere conciencia de sí mismo se convierte en angustia, clima perpetuo en la que se vuelve a encontrar la existencia. Cuando el hombre se encuentra con el pensamiento de la muerte, cuando el espíritu la contempla. Es la voz misma de la angustia, la rebelión humana contra lo irremediable: grito del corazón porque no comprende; el espíritu busca y no encuentra sino contradicciones: lo que el hombre no comprende carece de razón. Así nace el absurdo, confrontación entre el anhelo humano y el silencio sin razón de este mundo donde cada cosa tiene su verdad, es la conciencia la que la aclara: la nostalgia es una fuente. El hombre absurdo por el contrario fija sus límites para contener su angustia, se trata de saber si la vida tiene sentido para vivirla. ¿Es aceptado un destino, pero no se vivirá ese destino, sabiendo que es absurdo?

Será ese absurdo el pueblo sin Dios. Es la confrontación del hombre con su propia oscuridad, es el hombre ante sí mismo, es la seguridad de un destino aplastante. El suicidio resuelve lo absurdo. Lo arrastra hasta la muerte: Es al mismo tiempo conciencia y rechazo de la muerte. Pensaría entonces, que lo que cuenta no es vivir lo mejor posible sino vivir lo más posible.

La moral de un hombre está en la variedad de experiencia que ha podido acumular.

Hay que recordar a Sísifo: Trabajador inútil de los infiernos. Obtuvo el permiso de Platón para volver a la tierra, pero cuando volvió a gustar del sol y del mar, no quiso volver a la oscuridad del infierno y quiso quedarse para siempre en el sol brillante y las sonrisas de la tierra empezaron a sentir tormentos, pero también pasiones, del amor humano. Vivió muchos años más, ya estaba preparada su roca. Su apasionamiento por la vida le valió el suplicio indecible de luchar y sufrir sin acabar nunca nada.

Precio que hay que pagar por sentirse y por vivirse. Día a día el esfuerzo de su cuerpo para levantar la enorme piedra, hacerla rodar y ayudarla a subir la pendiente día a día recorrida. Con el rostro crispado, la mejilla pegada a la piedra, la tensión de los brazos; la certeza de tener siempre las manos llenas de tierra, alcanza la meta. Sísifo, ve como la piedra desciende en un momentico. Es la hora de la conciencia: abandona la cima y se hunde en sus reflexiones porque tiene conciencia.

Hacemos todos los días la misma tarea, pero no es trágico, porque lo vemos solamente cuando se nos muere la esperanza y pensamos «nací tan solo para esperar, pero el sufrimiento es la forma más intensa de vivir la vida». No es trágico lo que debía consumir su tormento, consume al mismo tiempo su victoria, porque si algunos días hacemos el descenso de la piedra con dolor, otros pueden hacerse también con alegría.

Es la victoria de la roca, cuando el llamamiento de la felicidad surge en el corazón del hombre, pero cuando la angustia es demasiado grande, cuando sentimos la piedra demasiado pesada: son nuestras noches de Getsemaní.

www.ingramcontent.com/pod-product-compliance
Lightning Source LLC
Chambersburg PA
CBHW030532080526
44586CB00011B/414